Disney
LA REINE DES NEIGES

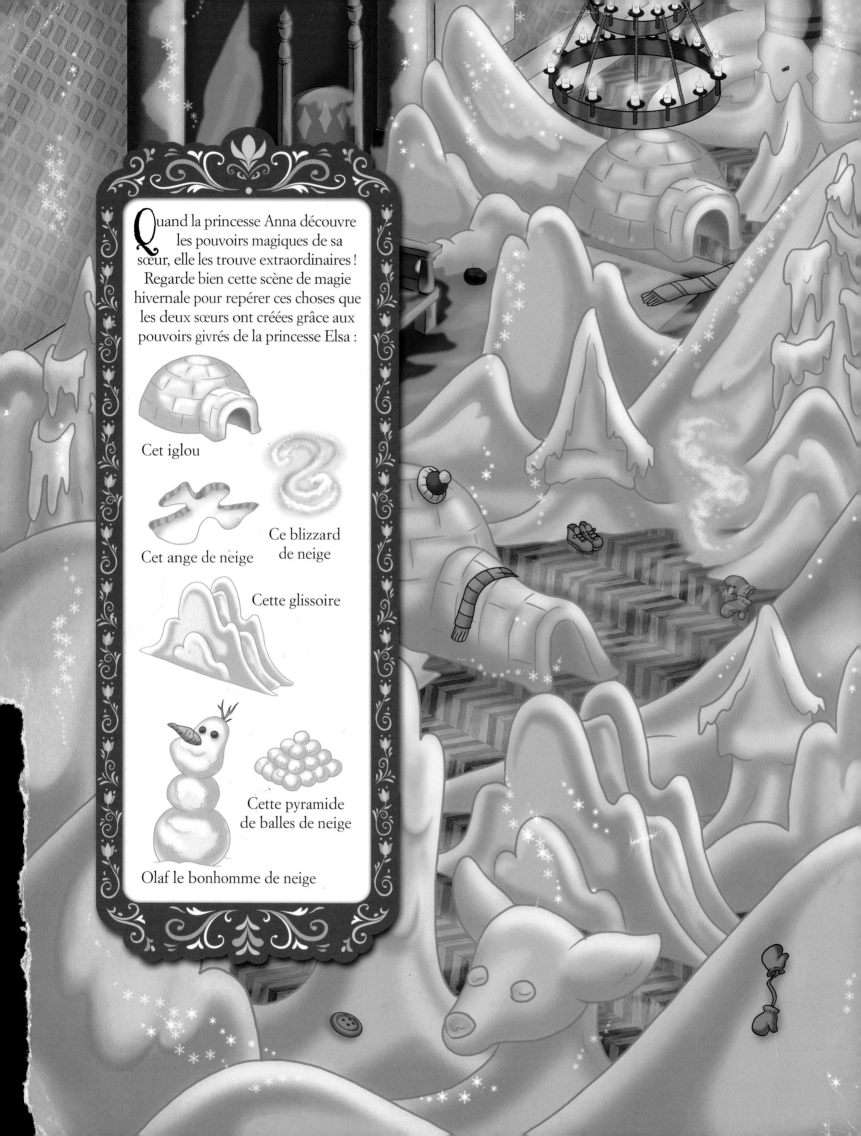

Quand la princesse Anna découvre les pouvoirs magiques de sa sœur, elle les trouve extraordinaires ! Regarde bien cette scène de magie hivernale pour repérer ces choses que les deux sœurs ont créées grâce aux pouvoirs givrés de la princesse Elsa :

Cet iglou

Cet ange de neige

Ce blizzard de neige

Cette glissoire

Cette pyramide de balles de neige

Olaf le bonhomme de neige

Quand Elsa atteint Anna avec sa magie, le roi craint qu'elle ne blesse sa petite sœur. Elsa décide de s'éloigner d'Anna pour la protéger. Anna ne le sait pas et elle ne comprend pas pourquoi sa grande sœur ne vient plus jouer avec elle. Essaie de trouver ces éléments qu'Anna aimerait bien partager avec sa grande sœur :

Ces cornets de crème glacée

Cette maison de poupée

Cette corde à danser

Ce jeu d'échecs

Cet osselet chanceux

Ces poupées

Des gens de partout viennent à Arendelle pour assister au couronnement d'Elsa. Cherche le charmant prince Hans, ainsi que ces autres visiteurs :

Quand les habitants sont témoins des pouvoirs d'Elsa, ils sont effrayés. Craignant de blesser quelqu'un avec sa magie, Elsa fuit le château. Tandis qu'elle s'évade, observe la cour et cherche ces créations glacées :

Ce drapeau

Cette lanterne

Cette fontaine

Cette sculpture

Cette sculpture

Cette pierre

Kristoff accepte d'aider Anna, mais, rapidement, il se demande si c'était là une très bonne idée ! Pendant qu'ils échappent aux loups, cherche ces objets que Kristoff a perdus :

Cette couverture abîmée

Ce luth brisé

Ce chandail

Cette chaussette

Cette tuque

Cette mitaine

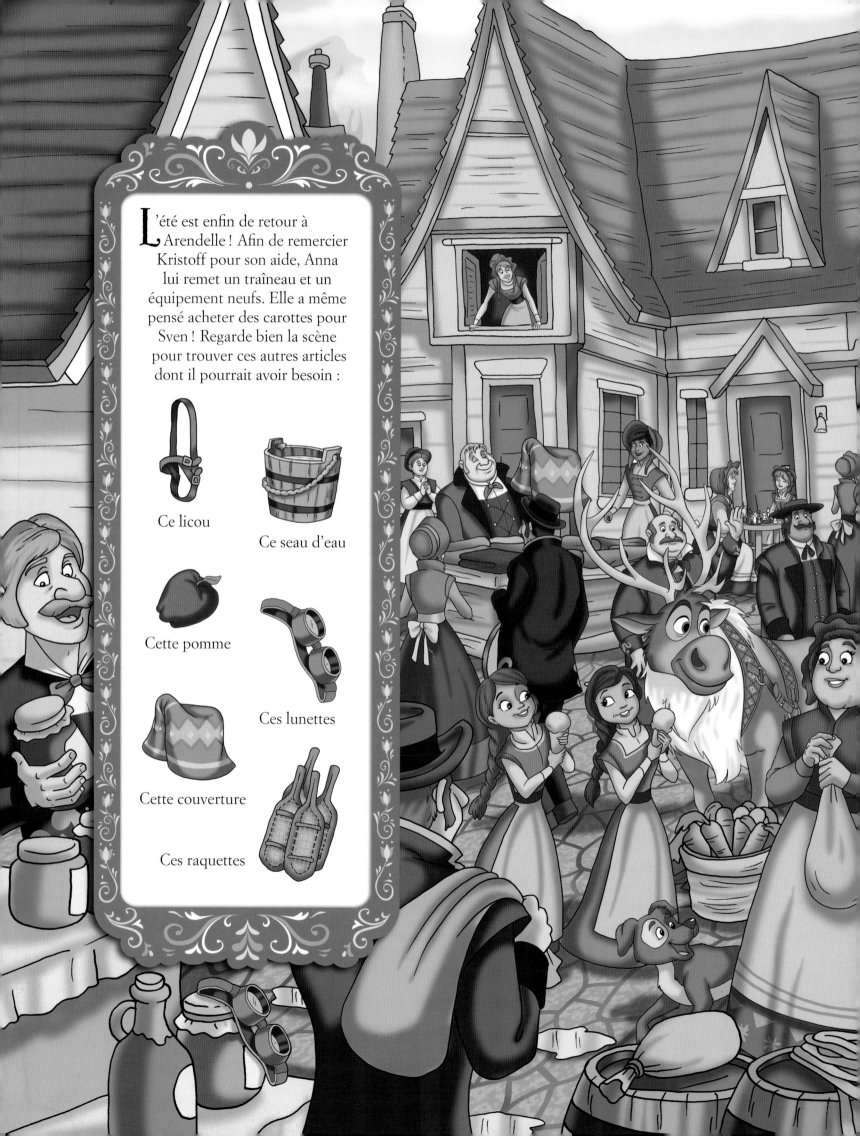

L'été est enfin de retour à Arendelle ! Afin de remercier Kristoff pour son aide, Anna lui remet un traîneau et un équipement neufs. Elle a même pensé acheter des carottes pour Sven ! Regarde bien la scène pour trouver ces autres articles dont il pourrait avoir besoin :

Ce licou

Ce seau d'eau

Cette pomme

Ces lunettes

Cette couverture

Ces raquettes

Retrouve les deux jeunes sœurs jouant dans la neige et retrace ces objets qui pourraient servir à décorer un bonhomme de neige :

Une carotte pour le nez

Un morceau de charbon

Une branche

Des mitaines

Un gros bouton

Une tuque rouge

Observe encore les scènes où les deux sœurs grandissent et repère ces jouets avec lesquels Anna joue seule :

Des aiguilles à tricoter

Un yo-yo

Une guitare

Un tricycle

Un livre

Une balançoire

Les visiteurs à Arendelle n'ont pas voyagé léger ! Retourne sur les quais et cherche ces marchandises :

Des pommes

Une meule de fromage

Des pommes de terre

Un sac de farine

Une botte de foin

Un tonneau de hareng saumuré

Tandis qu'Elsa fuit Arendelle, cherche ces gens apeurés :

Retourne au poste de traite et cherche ces souvenirs à l'effigie de trolls :

Cours avec les loups et identifie ces empreintes d'animaux dans la neige :

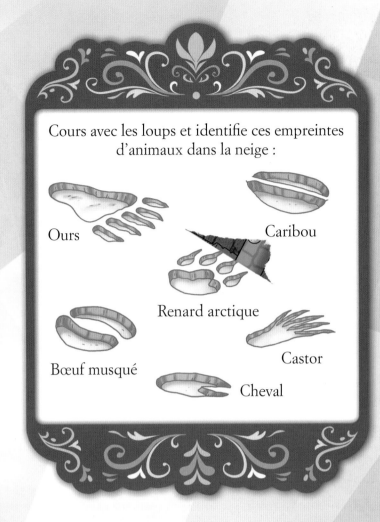

Ours

Caribou

Renard arctique

Bœuf musqué

Castor

Cheval

Retourne au palais de glace d'Elsa pour revoir ces uniques créations de glace :

Fouille les rues d'Arendelle pour voir ces six duos de sœurs profiter du soleil d'été :